Julia Volmert Susanne Szesny

BERTS GESUNDE KINDERKÜCHE

Gesunde Rezepte, wie Kinder sie mögen und die leicht zu kochen sind.

albarello

BERTS KOCHTIPPS

-Abwechslungsreiche Mischkost ist gesund, vermeiden Sie einseitige Ernährung. Dann brauchen Sie sich keine Gedanken zu machen, ob Ihr Kind von diesem oder jenem Vitamin auch genug bekommt.

-Versuchen Sie, mindestens fünf Portionen Obst und Gemüse am Tag in den Mahlzeiten unterzubringen, denn neben Vitaminen enthalten Obst und Gemüse auch sekundäre Pflanzenstoffe. Viele dieser Stoffe wirken vorbeugend gegen verschiedene Krankheiten wie Krebs und Herz-Kreislauf-Erkrankungen und stärken das Immunsystem.

-Denken Sie daran, dass Zucker in vielen Getränken versteckt ist (Fruchtsaftgetränke, Limonaden). Besser sind Früchtetees, Mineralwasser, Fruchtsäfte und Fruchtschorlen.

-Als Zwischenmahlzeit eignet sich vor allem frisches Obst.

-Je weniger ein Nahrungsmittel verarbeitet ist, desto mehr Inhaltsstoffe enthält es noch.

-Frisch zu kochen ist besser, als Fertigprodukte zu verwenden.

-Je frischer die Zutaten, desto mehr Vitamine sind enthalten. Viele Vitamine zerfallen beim Lagern. Also kaufen und sofort zubereiten; wenn lagern, dann im Kühlschrank.

- Salat und Gemüse kurz und grundlich abwaschen, nicht im Wasser liegen lassen, sonst schwemmen Vitamine aus.

-Speisen, die fettlösliche Vitamine A, D, E, K enthalten, immer mit etwas Fett zubereiten, damit der Körper die Vitamine aufnehmen kann. Geeignet sind vor allem hochwertige Pflanzenöle.

-Wasserlösliche Vitamine wie Vitamin C werden beim Kochen teilweise ins Kochwasser geschwemmt. Daher nur möglichst kurz kochen und das Kochwasser nicht wegschütten, sondern zur Zubereitung von Soßen oder Suppen nutzen.

-Vollkornmehl enthält ein Vielfaches an Vitaminen und wertvollen Inhaltsstoffen, verglichen mit Weißmehl. Versuchen Sie einmal, beim Backen und Kochen einen Teil des Weißmehls durch Vollkornmehl zu ersetzen.

-Viele Kinder essen gerne Nudelgerichte. Wenn Sie Vollkornnudeln statt der gewöhnlichen Nudeln kochen, sind diese Gerichte viel gehaltvoller!

-Probieren Sie auch Naturreis aus. Er hat eine längere Garzeit und schmeckt kräftiger. Aber er ist für die Ernährung viel wertvoller als geschälter weißer Reis.

Berts Empfehlung heute:

Frische Kräutersuppe à la Bert

Für 4 Portionen

eine große Hand voll junger Brennnesselblätter (ohne Stiele)
eine Hand voll Sauerampferblätter
eine Hand voll Löwenzahnblätter (jung)
etwas Zwiebel
1 EL Butter
1 EL Mehl
ca. ¾ l Gemüsebrühe (selbst gemacht oder Brühwürfel/Brühe ohne gehärtetes Fett, z.B. aus dem Bioladen)
Salz, Pfeffer, Muskat
200 ml Sahne
3 Scheiben Vollkorntoast

Die Kräuter sehr gründlich waschen und klein schneiden, die Zwiebel fein würfeln. Die Zwiebelwürfel in der Butter glasig dünsten, mit Mehl bestäuben und langsam unter Rühren mit der Brühe ablöschen. Die Kräuter, die Gewürze und die Sahne zugeben, ca. 5 Min. auf kleiner Flamme kochen. In der Zwischenzeit das Toastbrot goldbraun toasten und in kleine Würfel schneiden. Die Suppe fein und cremig pürieren (Mixer oder Pürierstab), mit den gerösteten Croûtons bestreuen und servieren.

Kräuter sind extrem reich an Vitaminen, Mineralstoffen und Spurenelementen. Diese Suppe ist ein besonderer Hit, wenn man im Frühling mit den Kindern zusammen selbst die Kräuter sammelt. Aber Achtung: Nicht in der Nähe von Straßen sammeln (wegen möglicher Schadstoffe) und alle Pflanzen begutachten, damit sich keine ungenießbaren darunter mogeln! Außerdem empfiehlt es sich, beim Brennnesselsammeln Handschuhe zu tragen. Statt selbst gesammelter Kräuter kann man auch gekaufte (frisch oder tiefgekühlt) verwenden, statt Brennnesseln nimmt man dann Rukola, Petersilie oder entsprechend doppelt so viel Sauerampfer.

Berts Empfehlung heute:

Berts Bunter Dschungel

Die Brote werden mit Butter bestrichen und in den gewünschten Formen ausgestochen. Auf einer großen Platte oder auf verschiedenen Tellern wird nun mit dem Gemüse eine Landschaft gelegt, in der sich die Tiere tummeln. Der Fantasie sind keine Grenzen gesetzt ...
Tipp: Zum Geburtstagsfrühstück kann man auch mal die süße Variante probieren. Statt Frischkäse verwendet man Quark und Marmelade, statt Gemüse dann Obst: Banane, Erdbeere, Kiwi ...

Vollkornbrot, Pumpernickel
Butter, Frischkäse
Schnittkäse
Wurst
gekochter Schinken
Gurken
Radieschen, Tomaten
Paprika, Möhren
Eisbergsalat
etwas Majonäse
Tomatenmark
Petersilie und
Schnittlauch zum
Garnieren

Der „Bunte Dschungel“ eignet sich als Abendessen oder Zwischenmahlzeit zu besonderen Anlässen und kann je nach Geschmack zusammengestellt werden.
Man braucht dazu jede Menge Ausstechförmchen in Tierform, die Sie vielleicht noch von der Weihnachtsbäckerei haben. Falls nicht, können Sie statt des „Dschungels“ ein „Aquarium“ oder eine „Blumenwiese“ machen, denn Fische lassen sich auch ohne Ausstechförmchen mit dem Messer ausschneiden, Blumen kann man mit Gläsern oder Bechern ausstechen.

Berts Empfehlung heute:

Berts Kartoffel-Brokkoli-Gratin

Für 4 Portionen

500 g fest kochende Kartoffeln
300 g Brokkoli
1 Becher Schmand
½ Becher Sahne
Salz, Pfeffer, Muskat
nach Geschmack auch etwas gekochter Schinken
100 g geriebener Käse, z. B. Gouda oder Emmentaler

Die Kartoffeln werden ca. 20-30 Minuten gar gekocht (Gabeltest), abgeschreckt, gepellt und in Scheiben geschnitten. Der Brokkoli wird gewaschen, in Röschen zerteilt, in Salzwasser bissfest gekocht, ca. 5-10 Minuten. Man schichtet abwechselnd Kartoffelscheiben und Brokkoliröschen nebeneinander in eine flache Auflaufform und übergießt alles mit einer Soße aus Schmand und Sahne. Danach mit Pfeffer, Salz und Muskat abschmecken. Wer mag, kann auch gewürfelten Kochschinken unter die Soße geben. Der Auflauf wird nun mit geriebenem Käse bestreut und im Ofen bei ca. 160° C 20 Min. überbacken.

Kartoffeln sind besser als ihr Ruf. Sie enthalten viele Vitamine und Mineralstoffe, die vor allem dann erhalten bleiben, wenn man sie in der Schale als Pellkartoffeln kocht.

Berts Empfehlung heute:

Berts Lieblings-Klopse

Aus dem Hackfleisch und der fein geschnittenen Zwiebel, dem halben Brötchen, das gut in Milch eingeweicht und ausgedrückt wird, dem Ei und Salz, Pfeffer und Petersilie einen Fleischteig kneten. Daraus formt man kleine, runde Klopse, die in der köchelnden Fleischbrühe etwa 15 Min. gar ziehen müssen. Um sicherzugehen, kann man einen Klops zerteilen, um zu sehen, ob er auch bis innen durchgegart ist. Man nimmt die Klopse aus der Brühe. Etwa die Hälfte der Brühe siebt man und lässt sie mit der Sahne etwas einkochen. Dann würzt man mit Zitronensaft, Pfeffer, Salz und Muskat und nimmt den Topf vom Herd. Die verquirlten Eigelb werden eingerührt, um die Soße zu binden. Achtung! Nun darf die Soße nicht mehr kochen, weil sonst das Ei stockt. Nur noch unter Rühren erhitzen, bis die Soße cremig wird: Jetzt rührt man die Kapern ein und zu guter Letzt werden die Klopse in die Soße gegeben. Dazu schmecken Reis oder frische Salzkartoffeln und Rotkohl. Wenn Ihr Kind keine Kapern mag, kann man einen Teil der Soße beiseite stellen, bevor man die Kapern einrührt.

300 g Hackfleisch
1 kl. Zwiebel
½ Brötchen
etwas Milch
1 Ei
Pfeffer, Salz, Muskat
gehackte Petersilie
1 l Fleischbrühe
1 Becher Sahne
etwas Zitronensaft
2 Eigelb
Kapern

Berts Empfehlung heute:

Berts Zucchini-reibeplätzchen

1 Zucchini
4-5 Kartoffeln
1 Zwiebel
1 Ei
etwas Mehl
Pfeffer, Salz
Öl zum Ausbacken
1-2 Äpfel
etwas Zitronensaft
Zucker oder Honig

Aus den geschälten und entkernten Äpfeln bereitet man Apfelmus zu und stellt es kalt. (Äpfel in Stücke schneiden, mit etwas Wasser, Zucker und Zitronensaft aufkochen, 10 Min. gar ziehen lassen)
Die Zucchini waschen und mit einer Reibe oder Küchenmaschine reiben. Die Kartoffeln schälen und reiben. Die Zwiebel schälen und in sehr feine Stückchen schneiden oder sogar pürieren (falls Ihr Kind keine Zwiebeln mag). Mit Ei, Gewürzen und zwei bis drei Esslöffeln Mehl einen Teig bereiten. Wer die Plätzchen sehr fein mag, kann die Masse auch mit dem Stabmixer fein pürieren. In einer großen Pfanne erhitzt man Öl. Nun werden mit einem Esslöffel Teigkleckse in die Pfanne gegeben und zu flachen, goldbraunen Reibeplätzchen ausgebacken. Dazu schmeckt das gekühlte Apfelmus besonders gut!

Tipp: Wenn Sie Gebratenes in einer gusseisernen Pfanne zubereiten, können Sie die Eisenaufnahme Ihrer Familie um bis zu 30% verbessern. Eisen ist ein Spurenelement, das oft zu wenig aufgenommen wird, aber sehr wichtig für den Sauerstofftransport im Blut ist. Eisenmangel äußert sich durch Abgeschlagenheit und Infektanfälligkeit.

Berts Empfehlung heute:

Berts Vollkornnudeln mit Gemüsesoße

Für die Soße wird die Zwiebel geschält, fein geschnitten und in einer Pfanne mit Olivenöl glasig angedünstet. Wenn Sie und Ihr Kind mögen, können Sie auch eine halbe Knoblauchzehe mitdünsten. Dann werden die gewaschenen Tomaten und Zucchini in Scheiben geschnitten und zugegeben. Das Tomatenmark wird mit untergerührt und etwas Wasser zugegeben. Man lässt die Soße einige Minuten kochen und fügt dann die gewaschenen und blättrig geschnittenen Champignons zu. Man lässt die Soße etwas einkochen und gibt zwischendurch etwas Wasser zu. Gewürzt wird mit Pfeffer, Salz, Paprika, Brühe und Oregano. Der Oregano gibt den „italienischen“ Geschmack, man kann ihn aber weglassen, falls die Kinder den Geschmack nicht mögen. Für Kinder, die keine Gemüsestückchen mögen, püriert man die ganze Soße mit einem Pürierstab ganz fein. Die Vollkornnudeln werden nach Anweisung auf der Verpackung in Salzwasser gekocht, abgegossen und in etwas Butter oder Olivenöl geschwenkt.Über die Nudeln mit der Soße streut man geriebenen Käse.

250 g Vollkornnudeln
1 Dose Tomatenmark
2 Fleischtomaten
1 Zwiebel
1 kl. Zucchini
2 frische Champignons
Olivenöl
etwas gekörnte Brühe
Pfeffer, Salz, Paprika, Oregano
frischer geriebener Parmesan oder Gouda zum Überstreuen

Berts Empfehlung heute:

Berts Backofenkartoffeln mit Quarkdipp

Pro Person, je nach Hunger und Alter, 2-5 mittelgroße Biokartoffeln, am besten fest kochende Frühkartoffeln
Olivenöl
Salz, Pfeffer, Paprika, Cury
½ Knoblauchzehe

Die Kartoffeln werden sehr gründlich gewaschen, gebürstet und in längliche Viertel geschnitten.
Aus ca. ½ Tasse Olivenöl, ca. 2-3 TL. Salz, 1-2 TL. Paprika edelsüß, etwas Pfeffer und Curry und der halben, sehr fein gehackten Knoblauchzehe bereitet man eine Soße, in der die Kartoffelschnitze gründlich geschwenkt werden, bis sie richtig gut von allen Seiten mit der Soße bedeckt sind. Dann gibt man die Kartoffeln auf ein Backblech und schiebt sie auf der mittleren Schiene in den vorgeheizten Backofen. Bei 180 -200° C brauchen die Kartoffeln etwa 30 Min., bis sie gut sind. Durch Piksen mit einer Gabel prüft man, ob die Kartoffeln auch innen schön weich sind. Dazu ist ein Dipp aus Sahnequark mit Pfeffer, Salz, Zitronensaft und frischen, gehackten Kräutern sehr lecker.
Als Beilage schmeckt auch ein frischer grüner Salat oder ein Gurkensalat dazu.

Berts Empfehlung heute:

Berts Vollkornreis mit gebratenen Bananen

Der Vollkornreis wird in 3,5 Tassen kochendem Salzwasser mit etwas gekörnter Brühe in 25 Minuten gar gekocht. Die Zwiebel wird fein geschnitten und in etwas Öl glasig gedünstet, den Reis gibt man am Ende der Garzeit dazu und schmeckt mit Sojasoße ab. Die Bananen werden in einer Pfanne bei kleiner Hitze mit Öl zunächst von einer Seite goldbraun gebraten. Dann werden sie gewendet, mit Paprika und Curry gewürzt und mit den Käsescheiben bedeckt. Nun verschließt man die Pfanne mit einem Deckel und lässt die Bananen überbacken (ca. 5-7 Minuten). Viele Kinder essen die Bratbananen mit Reis am liebsten mit etwas Ketschup.

Für 4 Portionen

1,5 Tassen (große Kaffeebecher) Vollkornreis
1 Zwiebel
4 Bananen
4 Scheiben Gouda
Öl
Salz, Pfeffer, Paprika
Curry, Brühe, Sojasoße

Berts Empfehlung heute:

Berts Grünkern-Gemüse-Bratlinge

½ Tasse Grünkernschrot (erhältlich im Bioladen oder Reformhaus und mittlerweile auch in vielen Supermärkten)
2 TL gekörnte Gemüsebrühe
Öl, Salz, Pfeffer, Muskat
1 Zwiebel
1 Tomate
1 Möhre
1 Kartoffel
½ rote Paprika
3-4 EL Haferflocken
1 Ei
Paniermehl

Die fein gehackte Zwiebel wird in Öl angedünstet, das Grünkernschrot wird etwas mitgeröstet. Dann 1 Tasse Wasser und die Gewürze zugeben. Man lässt das Schrot ca. 10 Min. köcheln. Nun kommen die gewaschenen, geschälten und geriebenen oder fein geschnittenen Gemüse dazu. Der Tomate vorher die Schale abziehen. Alles sollte weiterköcheln, bis die Gemüsestückchen weich sind und das Wasser verkocht bzw. aufgesaugt worden ist. Sollte das Wasser verkocht und Gemüse oder Schrot noch hart sein, gießt man ein bisschen Flüssigkeit nach. Die Masse wird vom Herd genommen, bis sie so weit abgekühlt ist, dass man das Ei unterrühren kann, ohne dass es stockt. Mit Haferflocken und Gewürzen vermengt man das Ganze zu einem Teig, aus dem man frikadellenartige Klöße formt, die in Paniermehl gewendet und in einer Pfanne mit heißem Öl goldbraun ausgebacken werden.
Dazu passen eine helle Soße und ein bunter Salat.

Berts Empfehlung heute:

Berts Grünkernburger

Für 4 Portionen

4 Brötchen
(nach Geschmack
Burgerbrötchen oder
Vollkornbrötchen)
4 Grünkernbratlinge
Gurkenscheiben
4 Salatblätter
dünne Tomatenscheiben
Ketschup
Majonäse oder
Burgercreme

Die Brötchen auftoasten und halbieren. Jeweils die unteren Hälften mit einem Klecks Ketschup, einem Salatblatt, etwas Majonäse, zwei - drei Gurkenscheiben, dem (warmen) Bratling, einer Tomatenscheibe und wieder etwas Ketschup belegen und die obere Hälfte darauf klappen. Variieren kann man mit gehackten Zwiebeln oder einer Scheibe Käse, nach Geschmack kann man auch statt Ketschup eine Grillsauce nehmen. Dazu passt ein Gurkensalat oder ein grüner Salat.

Viele Kinder essen am liebsten Hamburger. Eine gesunde Alternative kann man sich aus den Grünkernbratlingen nach dem Rezept der nebenstehenden Seite selbst herstellen. Die Bratlinge werden dazu beim Braten nur etwas flacher gedrückt.

Berts Empfehlung heute:

Berts Nudel-Gemüse-Auflauf

Für 3-4 Portionen
200 g Vollkorn- oder Hartweizengrießnudeln, Penne oder Spiralen
1 kleine Zucchini oder 150 g blanchierte Brokkoliröschen
2 Tomaten
2-3 frische Champignons
2 Scheiben Kochschinken
200 g Schmand
100 g Sahne
¼ l Gemüsebrühe
Salz, Pfeffer
100 g geriebener Käse (z.B. Gouda)

Die Nudeln ungekocht in eine Auflaufform geben und mit dem gewaschenen und gewürfelten Gemüse und Schinken vermengen. Aus Schmand, Sahne, Gemüsebrühe und Gewürzen eine Soße bereiten und darüber geben. Mit geriebenem Käse bestreuen und je nach Nudelsorte 30 bis 40 Minuten im Backofen bei ca. 180° C (Umluft ca. 160° C) überbacken.

Berts Empfehlung heute:

Pfannkuchen nach Berts Rezept

Für 3 Portionen
- 75 g Weizenmehl
- 50 g Vollkornweizenmehl
- 1 Ei
- 200 ml Milch
- eine Prise Salz
- Öl zum Ausbacken

Man rührt einen glatten, flüssigen Teig aus den Zutaten. Man erhitzt wenig Öl in einer Pfanne und backt bei mittlerer Hitze dünne Fladen aus. Die Pfannkuchen kann man warm oder kalt essen und mit den unterschiedlichsten Füllungen aufpeppen. Obst kann man direkt in der Pfanne mitbacken. Sehr lecker sind zum Beispiel Blaubeerpfannkuchen. Die Blaubeeren werden in den noch flüssigen Teig eingestreut. Genauso gut kann man dünne Apfelscheiben oder Sauerkirschen mitbacken. Der Pfannkuchen kann warm mit Puderzucker bestreut gegessen werden oder mit einer Creme aus Sahnequark, etwas Zitronensaft und Honig. Oder deftig: gefüllt mit einer dünnen Schicht aus warmem Rahmspinat und geriebenem Käse.

Pfannkuchen sind ein Klassiker in der Kinderküche. Damit sie nicht zur leeren Kalorienbombe werden, kann man sie durch Vollkornmehl und eine vitaminreiche Füllung aufwerten.

Berts Empfehlung heute:

Wraps mit bunter Füllung

Wraps (entweder fertig gekaufte oder selbst gemacht, Rezept 12)
Rohes Gemüse in feine Streifchen geschnitten: z.B. Tomate, Paprika, Gurke, Eisbergsalat, Champignons ... oder auch blanchiertes Gemüse, z.B. Brokkoli, Möhren
Käsestreifchen
Kochschinkenstreifchen
oder
angebratene Würfel Geflügelfleisch
oder
angebratenes Hackfleisch, mit etwas Ketschup oder Tomatenmark gebunden
oder
Tunfisch
oder hart gekochte Eierscheiben

Soße aus saurer Sahne mit Gewürzen glatt gerührt (z.B. mit etwas Senf oder Tomatenmark, Salz, Pfeffer und Paprika oder mit frischen Kräutern). Ketschup oder Soße aus Frischkäse, Tomatenmark, Pfeffer, Salz, etwas Öl. Die Soßen und das Gemüse werden in Schälchen auf den Tisch gestellt, das Fleisch und die Wraps werden vor dem Servieren warm gemacht. Nun füllt sich jeder nach seinem Geschmack einen Wrap mit Salat, Soße und Gemüse und Fleisch nach Wahl. Die Wraps werden zuerst unten eingeschlagen und dann seitlich.

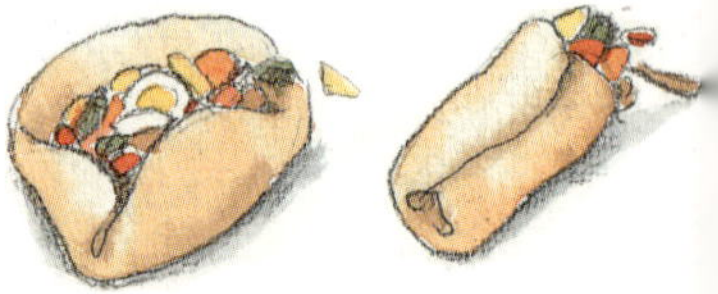

Diese amerikanische Variante vom gefüllten Pfannkuchen kann man sich nach Lust und Geschmack zusammenstellen, füllen und mit den Fingern essen. So macht dann auch Gemüse Spaß.

Berts Empfehlung heute:

Berts Kartoffel-Möhren-Geschnipsel

Für 3 Portionen
1 kleine Zwiebel
4 Kartoffeln
3 Möhren
etwas hochwertiges Pflanzenöl (Rapsöl oder Olivenöl)
Gemüsebrühe

Die fein gehackte Zwiebel wird in Öl angedünstet, die geschälten und gewürfelten Kartoffeln und Möhren werden dazugegeben und mit etwas Brühe angegossen. Das Öl ist in diesem Rezept wichtig, weil das wertvolle Vitamin A aus den Möhren nur in Verbindung mit Fett aufgenommen werden kann. Bei kleiner Hitze ca. 15-20 Minuten garen, bis das Gemüse bissfest oder (für die Kleinsten) weich gekocht ist. Etwas Petersilie rundet diesen Eintopf geschmacklich ab. Wer mag, kann auch Brühwürstchen oder Mettwürstchen in Scheiben geschnitten mitkochen, der Eintopf wird dann deftiger.

Dieses Rezept schmeckt vor allem kleinen Kindern gut und ist im Handumdrehen gemacht. Püriert kann es sogar an Babys gefüttert werden, wenn man die Zutaten aus biologischem Anbau verwendet.

Berts Empfehlung heute:

Kokosschnitzel mit gebratenen Äpfeln und Reis

Für 4 Portionen
1,5 Tassen Basmatireis
4 kleine Schnitzel
1 Ei
150 g Kokosflocken
2 große Äpfel
Salz, Pfeffer, Curry
Zitronensaft, Öl
Preiselbeeren

3 Tassen Wasser mit etwas Salz zum Kochen bringen, den Reis einrühren und auf kleiner Flamme 15 Minuten köcheln, bis alles Wasser vom Reis aufgenommen wurde. Das Ei schlagen und mit Salz, Pfeffer und etwas Curry verrühren, darin die Schnitzel wenden und anschließend in 50 g Kokosraspel panieren. Die Schnitzel bei mittlerer bis kleiner Hitze in einer Pfanne von beiden Seiten goldbraun braten.
Die Äpfel waschen, das Kerngehäuse entfernen und in dünne Scheiben schneiden. In einer Pfanne bei geringer Hitze mit wenig Öl goldbraun braten. Beim Servieren einen Klecks Preiselbeeren in die Mitte der Apfelringe geben. Den Basmatireis, wenn er gar ist, mit den restlichen Kokosflocken vermischen und mit etwas Zitronensaft abschmecken.

Vegetarische Variante: Statt Fleisch kann man aus 2-3 Eiern, den Gewürzen und zu gleichen Teilen Kokosflocken und Paniermehl Kokosschnitzel braten! Dazu rührt man so lange löffelweise Paniermehl und Kokosraspel zu den Eiern, bis eine formbare Masse entsteht. Daraus kann man „Schnitzel“ formen, die etwas kürzer gebraten werden als „Echte“.

Berts Empfehlung heute:

Berts rote Riesen: Gefüllte Tomaten, überbacken

Das Hackfleisch wird mit der klein geschnittenen Zwiebel, 1 Ei, 3-4 EL Paniermehl, Salz, Pfeffer, Paprika edelsüß vermengt und in die gewaschenen und ausgchöhlten Tomaten gefüllt. Die Tomaten werden in einen Topf mit etwas Öl gesetzt, erhitzt und mit Brühe angegossen. Mit einem Deckel verschließen und ca. 20 Min. bei kleiner Hitze garen. Am Ende der Garzeit bereitet man aus der Brühe mit etwas Tomatenmark und Gewürzen eine Soße zu, die man mit Mehl oder Soßenbinder etwas bindet. (Mehl mit wenig kaltem Wasser glatt rühren und löffelweise in die kochende Brühe gießen und mit einem Schneebesen glatt rühren.) Als Beilage eignen sich Vollkornnudeln oder Reis.

Für 4 Portionen

200 g Hackfleisch
oder 100 g Hirse für Vegetarier
1 Zwiebel
1 Ei
Paniermehl
Brühe, Öl, Salz, Pfeffer
Paprika
Tomatenmark
Mehl oder Soßenbinder
4 große Fleischtomaten

Berts Empfehlung heute:

Berts Kullertopf: Gemüse-Eintopf mit Hackbällchen

Für 4 Portionen
1 Packung TK Suppengemüse,
500-750 g
oder stattdessen
1 Stange Porree
4 Möhren
100 g Blumenkohl
100 g Brokkoli oder Rosenkohl
100 g Erbsen
1 Scheibe Sellerie
1 Tasse Langkornreis
200 g Schweinemett
1l Brühe, Salz, Pfeffer, frische Petersilie

Man bringt die Brühe zum Kochen, gibt das TK-Gemüse oder das frische (geputzte und gewürfelte) Gemüse hinein, lässt den Reis einrieseln und verrührt alles. Aus dem Mett formt man kleine Klößchen, die man oben auf das Gemüse bettet. 20-25 Min. bei kleiner Hitze zugedeckt kochen lassen. Fertig!
Wer kein Sellerie-Fan ist, kann die Selleriescheibe ganz mitkochen (das gibt einen würzigen Geschmack) und sie nach dem Kochen einfach herausnehmen. Man schmeckt noch einmal mit Salz und Pfeffer ab und bestreut den Eintopf mit frischer, gehackter Petersilie. Für kleine Kinder kann man den Eintopf mit dem Mixstab pürieren.

Schnell gemacht und sehr gesund!
Eintöpfe sind ein sehr vollwertiges Essen, wenn sie viel Gemüse enthalten. Denn beim Kochen lösen sich viele Vitamine ins Wasser. Beim Eintopf wird die Brühe, die beim Kochen entsteht, mitgegessen, daher bleiben uns diese Vitamine erhalten. Einen Gemüseeintopf kann man entweder aus frischem Gemüse machen oder aus tiefgefrorenem.

Berts Empfehlung heute:

Berts Backofengeheimnis: Chinakohl-Hack-Auflauf

Die Chinakohlblätter werden ganz kurz in Salzwasser blanchiert. Die Zwiebel wird gewürfelt und in etwas Öl in der Pfanne glasig gedünstet, das Hack und die gewürfelte Paprika werden dazugegeben, gewürzt und kurz angebraten. Der Schmand wird gewürzt und glatt gerührt. In eine Auflaufform schichtet man nun je etwas Schmand, eine Lage Chinakohlblätter, eine Lage Hack usw. und endet mit einer Schicht Schmand, den man mit Käse bestreut. Im Ofen bei ca 180-200° C etwa 15 Minuten überbacken. Als Beilage kann man Baguettebrot oder Reis servieren.

300 g Chinakohlblätter
200 g Hackfleisch
1 rote Paprika
1 Zwiebel
2 Becher Schmand
150 g geriebener Käse
Pfeffer, Salz, Öl

Berts Empfehlung heute:

Leckere Obst-Quark-Creme à la Bert

Grundrezept 2 Portionen

1 Banane
2 EL Quark
1 EL Leinöl
200 g Vanillejogurt
1 TL Honig

Alles im Mixer pürieren. Mit verschiedenen frischen oder tiefgekühlten Obstsorten als Zugabe lassen sich köstliche Variationen herstellen. Wenn man tiefgekühltes Obst nur antaut und dann mixt, erhält man einen erfrischenden „Eis-Shake“. Will man einen Trinkshake, kann man ca. 200 ml Milch dazugeben. Variationen des Grundrezeptes mit wahlweise:

1 Handvoll Erdbeeren
1 Handvoll Himbeeren
1 Handvoll Blaubeeren
1 Pfirsich, geschält, entkernt
3 Aprikosen, geschält, entkernt
1 EL Kakaopulver

Wenn Obst am Stück nicht gerne gegessen wird, kann man es mal mit diesem leckeren Rezept probieren. Ist schnell gemacht, eignet sich als Nachtisch oder als kleine, leichte Mahlzeit. Vor allem im Sommer sehr erfrischend!

Berts Empfehlung heute:

Berts runde Kartoffelüberraschung

Für 2 Portionen
ca. 6 große, fest kochende Kartoffeln
Olivenöl
1 Scheibe Schinken, fein gewürfelt
50-100 g fein geriebener Käse (Gouda oder Emmentaler)

Die Kartoffeln werden geschält und in dünne Scheiben gehobelt. Das Öl in der Pfanne erhitzen. Die Kartoffelscheiben legt man in einer dünnen Schicht schuppenartig überlappend in die Pfanne, würzt mit Salz und Pfeffer, verteilt in der Mitte den Schinken und außen herum den Käse. Darauf schichtet man wieder Kartoffelscheiben, bis eine geschlossene „Decke" entstanden ist. Durch die Stärke in den Kartoffeln backen die Scheiben zu einer Schicht zusammen. Wer sichergehen will, kann zusätzlich noch ein gequirltes Ei über die Kartoffeln gießen, um einen festeren Zusammenhalt des Fladens zu erreichen. Bei mittlerer Hitze so lange braten, bis die untere Kartoffelschicht zart goldbraun. Nun gart man die andere Seite. Vor dem Servieren kann man noch frische Kräuter wie Schnittlauch oder Petersilie über den Fladen streuen, dazu schmeckt frischer grüner Salat besonders gut.

Berts Empfehlung heute:

Obstsalat, wie Bert ihn mag

1 Banane
1-2 Äpfel (keine mehlige Sorte)
1 Orange
2 Kiwis
dazu wahlweise: 100 g Trauben, Erdbeeren, Himbeeren, Johannisbeeren, Blaubeeren, Brombeeren oder exotische Früchte wie Mango, Ananas, Litschi
Saft einer Zitrone
2-3 Löffel Honig zum Süßen
2 EL gehackte Walnüsse

150 g Naturjogurt, 3,5% Fett
250 g Sahnequark
1-2 EL Leinöl
Zitronensaft, Milch, Honig oder Vanillezucker

Das Obst wird gewaschen, in Stückchen geschnitten und gemischt. Sofort mit Zitronensaft begießen, sonst werden Äpfel und Bananen braun. Mit Honig abschmecken. Quark, Jogurt und Leinöl zusammenrühren und je nach gewünschter Konsistenz mit Milch oder Zitronensaft glatt rühren und mit Honig oder Vanillezucker süßen. Die hier aufgeführten Obstsorten sind nur Vorschläge, je nach Jahreszeit kann man die Obstsorten wechseln.

Mindestens fünf Portionen frisches Obst oder Gemüse sollte man täglich essen, nicht nur um ausreichend Vitamine und Ballaststoffe zu erhalten, sondern auch, um viele sekundäre Pflanzenstoffe aufzunehmen. Diese Stoffgruppe ist noch nicht sehr bekannt, ständig werden neue Wirkmechanismen entdeckt.

Berts Empfehlung heute:

Zucchinilasagne à la Bert

Für 2 Portionen
1 dicke Zucchini
1 Dose Tunfisch (oder 150 g angebratenes Hack)
2 Tomaten
1 kleine Zwiebel oder ½ Knoblauchzehe
1 Becher Schmand
Pfeffer, Salz, Oregano
Olivenöl
50 g geriebener Käse (z.B. Emmentaler)

Die Zucchini wird längs in dünne Scheiben geschnitten, die man in etwas Olivenöl in der Pfanne leicht anbrät. Die gebräunten Scheiben werden beiseite gestellt.
Die gewürfelte Zwiebel oder Knoblauchzehe wird in Öl glasig geschwitzt. Die gewürfelten Tomaten werden dazugegeben und mit den Gewürzen einige Minuten angedünstet.
Der Schmand wird mit Salz und Pfeffer gewürzt. Nun schichtet man in eine Auflaufform abwechselnd eine Lage Schmand, eine Scheibe Zucchini, etwas Tunfisch, etwas Tomatensoße, Schmand, Zucchini und so weiter und schließt mit einer Schicht Schmand ab, die mit Käse bestreut wird.
Die Lasagne wird bei 180° C ca. 20 Minuten gebacken.

Diese Lasagne ist mal etwas ganz anderes, denn sie kommt ohne Nudeln aus! Wer Fisch nicht mag, kann anstelle von Tunfisch auch angebratenes Hackfleisch nehmen.

Berts Empfehlung heute:

Dippekuchen

Für 4 Portionen
1 kg Kartoffeln
1 Zwiebel
100 g geräucherter Schinken
2 Eier
250 ml Sahne
150 g geriebener Käse
Salz, Pfeffer, Muskat

Die rohen Kartoffeln schälen und reiben. Die Zwiebel und den Schinken in kleine Stücke schneiden. Alles in eine flache Auflaufform geben, mit verquirlten Eiern, Sahne und Gewürzen begießen und mit Käse bestreuen. Bei ca. 175° C (Umluft 150° C) ca. 90 Minuten im Backofen backen.
Dazu schmeckt grüner Salat.

Berts Tabelle der

Vitamine und Mineralstoffe

Vitamin	Aufgabe	enthalten in
Vitamin A/Beta-Carotin	wichtig für Sehvorgang, Aufbau von Schleimhaut	Eigelb, Milch, Butter, Käse, Aprikosen, Karotten, Paprika, Tomaten
Vitamin B1	wichtig für den Kohlenhydratstoffwechsel	Schweinefleisch, Kartoffeln, Vollkornprodukte
Vitamin B2	Mitwirkung im Eiweiß- und Fettstoffwechsel, Energieproduktion	Milch, Kartoffeln, Fleisch, Eier, Fisch
Vitamin B6	Mitwirkung im Eiweiß- und Fettstoffwechsel, gut für Nerven und Immunsystem	Milch, Fleisch, Kartoffeln, Vollkornprodukte, Gemüse, Kohl, Bananen
Vitamin B12	Blutbildung, Aufbau der Zellkerne	Käse, Milch, Eier, Fleisch
Vitamin D	Knochen- und Zahnbildung	Milch, Eigelb, Fisch
Vitamin C	Wundheilung, schützt vor freien Radikalen	Obst, Gemüse, Kartoffeln, Tomaten, Hagebutten, Johannisbeeren
Vitamin E	Zellschutz, Bestandteil der Zellmembran	Eier, Vollkornprodukte, Nüsse, Pflanzenöle
Niacin	wichtig für Stoffwechselvorgänge	Fleisch, Kartoffeln, Vollkorn
Folsäure	Blutbildung, Wachstum	Blattgemüse, rote Beete, Vollkornprodukte, Weizenkeime, Spargel, Nüsse, Brokkoli
Biotin	Bestandteil von Enzymen, wichtig für Haare und Haut	Eier, Milch, Getreide
Eisen	Blutbildung, Sauerstoffversorgung	Fleisch, Nüsse, Pilze, Bohnen, Erbsen
Zink	Immunsystem, Haut, Haare	Fleisch, Milch, Fisch, Schalentiere
Magnesium	Baustoff Knochen, Zähne, steuert Muskel- u. Nervenfunktionen	Vollkorn, Kartoffeln, Milch, Fleisch
Pantothensäure	Bestandteil von Enzymen, wichtig für Stoffwechsel, hilft Fette abzubauen	Fleisch, Milch, Ei, Vollkorn

Über Bert, den Gemüsekobold, gibt es auch
ein Bilderbuch von Julia Volmert mit den begeisternden
Illustrationen von Susanne Szesny:

Bert, der Gemüsekobold
oder Warum man gesunde
Sachen essen soll
Julia Volmert (Text)
Susanne Szesny (Illustration)
ab 3, 32 Seiten, 22,2 x 28,5 cm
Mit Bert als Plüschfigur und
Kinder-Kraftstoff-Anzeiger an
jedem Buch!
Originalausgabe
Neue Rechtschreibung
ISBN 3-930299-76-3

Jonas und Lena meckern übers Essen. Schon wieder hat ihre Mutter „etwas Gesundes“ gekocht. Warum können sie nicht jeden Tag Pommes und Hamburger essen wie ihr Freund Max aus dem Kindergarten? Doch plötzlich taucht Bert, der kleine Gemüsekobold, auf. Der kann genau erklären, warum gesundes Essen so wichtig ist, was im Bauch passiert, warum Essen Kraft gibt, und schenkt den Kindern zuletzt noch einen „Kinder-Kraftstoff-Anzeiger“, mit dem die Kinder jeden Tag überprüfen können, wie viel Gesundes sie schon gegessen haben. So bekommen die Kinder spielerisch ein Gefühl für bewusste Ernährung und werden zudem noch angespornt, Gesundes zu essen.

Originalausgabe
Neue Rechtschreibung

ISBN 3-930299-77-1